AF586200

SWANHILDE

à M. Georges Vanor

hommage amical

Tirage à 100 exemplaires numérotés.

N° 78

Francis Vielé-Griffin

FRANCIS VIELÉ-GRIFFIN

SWANHILDE

POÈME DRAMATIQUE

(1890-93)

. . . « Hearken. . .
Of utter love defeated utterly,
Of grief too strong to give Love time to die ! »

WILLIAM MORRIS.

PARIS
EXTRAIT DE L'*ERMITAGE*
Revue artistique et littéraire

M D CCC XCIII

N. B. — L'imagination prestigieuse du Lecteur voudra bien suppléer au défaut d'une représentation scénique luxueuse et intelligente ; des indications italicisées et explétives pourront stimuler et faciliter cet effort indulgent que le Poète, au moment de le réclamer du Lecteur, eût souhaité moins immérité.

La proscription, toutefois, qui l'atteint, anoblit, peut-être, assez la Poésie dramatique pour qu'on use envers elle d'égards insolites et qu'on salue même sous le pauvre déguisement typographique de ce modeste essai, la belle Muse bannie de nos scènes désaffectées.

F. V.-G.

PERSONNAGES :

IORMAN, roi.
IONAKUR, roi.
HAMDIR, fils d'Ionakur et de Godrune.
SORLI — —
ERP — —
BIORKI, conseiller du roi Iorman.
RANDVER, fils d'Iorman.
SWANHILDE, fille de Sigurd et Godrune.
GODRUNE, épouse d'Ionakur et veuve de Sigurd.
GUERRIERS.

Swanhilde

PROLOGUE

LA PAIX

Dans le hall du roi Ionakur ses hommes libres sont assemblés ; le roi Iormanrec, suivi de Biorki et d'une escorte, entre parmi le silence et s'avance vers Ionakur debout.

IORMAN, *goguenard.* Salut ! j'ai faim et soif : le vent du large affame ;
Mange-t-on encore ici, ce soir de fête ?
N'y boit-on que des larmes ?

IONAK, *ironique.* La défaite
Goutte du même embrun que la victoire ;
Les larmes, aussi, salent les lèvres,
Le rire a soif, aussi — dit le poète —
Et, quel que soit le sort,
La bataille a la fièvre ;
Mais si nous n'avions plus que des larmes à boire,
Ta victoire serait vaine ou brève,
Iorman :
On tirerait du sang, encore !

Cérémonieux. Voici la corne de trêve.

Il lui tend une corne après y avoir bu.

Riant. Rassure-toi : j'ai bu d'abord !

IORMAN, *du même ton.* Je n'ai peur que pour toi.

IONAK, *ironique.* La terreur que tu vas semant

Avec insistance. — Au gré des vents —
Fait donc trembler ta main, vieux roi ?

Iorman pose maladroitement la corne qui tombe à terre ; elle est ramassée en hâte et emportée.

IORMAN, *délibéré.* Ecoute-moi :
Je t'ai vaincu, Ionak — le sort est rude —
Et sans m'attendre à te trouver servile

Murmures.

Je sais que tu reconnais le droit du plus fort :
Je prends les îles Glar et tiens la mer au nord ;
Je te laisse dix barques, au midi de ces îles ;
C'est dit ? Selon le sort.

Légers murmures parmi les hommes libres.

IONAK, *avec une tristesse ironique.* Tu veux donc que nous bêchions la vigne ?
Certes, le sort que tu nous fais est digne
De celui grâce à qui ta bataille fut gagnée :
Tu parles comme le vent dévastateur,
Tu me fais peur !

Quelques rires.

IORMAN, *carrément.* S'il te plaît ? vas au sud ! et laisse-moi tes côtes ;
Si tu veux jouer même de la cognée,
Fais à ta guise — non à la nôtre —

Murmures.

La victoire eût pu m'être moins avare,
Faisant ma part,
Et si je n'avais réfréné mon fils,
Vous crieriez merci.

Murmures.

Donc reste ou pars ;
Mais coule bas tes barques, hors dix ;
Souriant. — Console-toi : la mer a déjà besogné —
Je veux la paix ! — C'est dit ?

Murmures.

IONAK, *toujours ironique.* Glar ? tout le nord ? mes barques coulées bas ?
Dis, Iorman, veux-tu pas aussi, ne veux-tu pas
Que je m'égorge avec ta bonne épée,
T'en épargnant la peine
Et songeant, déjà consolé,
Que si ta main était plus ferme
Tu m'aurais pu toi-même trancher la tête ?
Il te faut autre chose, peut-être ?
Dicte tes termes,
Quoi donc encore ?

Rires.

IORMAN, *impassible.* Il me faut aussi quatre coupes d'or.

Exclamation de colère parmi les guerriers.

HAMDIR, *violent.* Retourne-t'en chez toi !
Je me battrai malgré tout l'Océan,
Jusqu'à la mort ! — la tienne...

Rires.

SORLI. Et moi !
Et si tu veux la paix d'où qu'elle vienne,
On te la donnera sous terre — et pour longtemps.

Rires.

ERP, *beau parleur.* Et moi !
Reprends la guerre :
Elle ne peut te peser lourd,
Puisque ton fils porte l'épée ;
Elle ne pèse guère à ton bras gourd !
N'oublies-tu rien ? n'est-il pas un cadeau
A quêter avant de partir ?
Ne vois-tu rien, au hasard, à la hâte ?
A moins que pour calmer ton appétit revêche
Tu ne nous réclames ta propre peau
Fraîche...
Ou battue aux lattes ?

Explosion de rires.

IONAK, *de voix sérieuse, les calmant du geste.* Entends mes fils, et vois mes hommes ;
Mieux vaut la guerre que cette paix offerte,

Murmures d'assentiment.

Et, certe, sachant qui nous sommes,
Il serait mieux d'accepter — tous ! — la guerre ouverte.

Approbation générale.

BIORKI, *conciliant au milieu du bruit.* Ecoute Iorman, écoute Ionakur ;
Et vous! ne troublons pas la trêve à cris de femmes!
Qui donc souhaite que la guerre dure ?
Qu'il parle haut, s'il l'ose ?
S'il est un homme ici qui la réclame,
Soit-il maudit !

Le calme se fait peu à peu.

Iorman a dit ;
A toi, Ionak, propose !

IONAK, *dans le silence rétabli.* Glars, je les cède.

Murmures.

Aux siens. Qu'il le soit par les vents ou par le fer,
Le vaincu doit céder, je cède.

A Iorman. Mais je garde mes voiles sur la mer
Tendues à tous les vents des horizons de Dieu,
Dieu m'aide !

Mes barques, toutes ! sur la mer et sous les cieux !
Et, bien que le sort nous soit rude,
Mon or, je le garde à mes fils,
L'or saint des moines
Que nos pères ont rapporté du sud,
Car c'est le patrimoine.
Voilà ! — J'ai dit.

Approbations.

Iorman reste silencieux.

HAMDIR, *violent.* Puisque les armes — et les vents ! — te sont amis,
Fais fructueuses les batailles qu'ils te gagnent,
Et, puisque tu nous trouves insoumis,
Va donc piller au sud ceux-là de Rome,
Aux côtes de la Gaule et de Bretagne,
Comme nous l'avons fait, nous autres hommes !
Va chercher l'or où nous l'avons cherché ;
Peut-être un jour — les vents peuvent tourner —
Peut-être viendrons-nous t'en demander.

Cris et rires.

BIORKI, *conciliant.* Ionak garde son or et ses vaisseaux,
Mais qu'il ne grée aucun navire nouveau
Avant deux ans, de mai en mai ;
Concède autant, Iorman ; faisons la paix.

IORMAN, *impassible.* Qui veut la guerre ?
Qu'Ionak cède : M'a-t-il donc vaincu hier ?

Les murmures éclatent plus violents.

SORLI, *résolu.* Tu veux la guerre, c'est pourquoi tu nous l'offres ?
Pour moi, j'accepte volontiers ces présents-là.

Rires approbateurs.

Roi Iorman, sois aimable, et souffre
Qu'on te rende ton cadeau — et au-delà !

Rires.

HAMDIR, *enthousiaste, aux guerriers.* La mer nous a vaincus à larges lames,
La mer ! nous la vaincrons à coups de rames !
Nos voiles : le vent même les a séchées !
Les femmes-vagues roulent sâoules
De la poix de nos coques léchées
Et dorment bercées sur la houle ;
Le vent remonte, tiède, et la mer va boire ;
Nous sommes prêts pour la victoire !

Cris de guerre, on heurte les armes.

ERP, *à Iorman.* Entends-tu ? L'ouragan, ton allié fuit,
Le lâche ! que t'en semble ?...

Qui se ressemble se rassemble,
Va-t'en donc avec lui !

Rires ironiques, le bruit va croissant.

IONAK, *dominant avec peine le tumulte.* Taisez-vous, notre hôte est sacré...

TOUS. La guerre !

IONAK. Notre trêve est sacrée...

TOUS. La guerre ! La guerre !

Biorki, parlant dans le tumulte, cherche en vain à calmer les esprits. Soudain : par une porte du fond vivement rejetée, Swanhilde apparaît ; elle s'avance, lente, dans le silence brusque ; tous se reculent sur son passage ; elle s'avance jusqu'entre les deux rois et déployant les plis de sa tunique éblouie, laisse choir à ses pieds tout l'or de Sigurd.

SWANHILDE, *de voix douce et grave.* La paix, mes frères.
Ecoutez, rois :
Iorman, voici mon or inestimé,
Ionak, voici la paix à tout jamais.
Vous tous, voici mes vœux de toutes joies

Murmures d'étonnement.

De voix impérieuse. Vous disiez, tantôt :
« Laissez ces cris aux femmes,
Faisons la paix » — et criiez : Guerre ! guerre !
Ecoutez la parole douce et calme
Que vient dire une femme,
Qui vous vaut.

Silence.

IONAK, *hésitant.* As-tu bien pensé, fille de Godrune,
Que, si ton or suit la fortune,
Tu suis ton or ?

SWANHILDE, *très calme.* Ne suis-je libre de mon or et de mon corps ?
Roi,
Dites à ma mère, votre femme,
Qu'elle soit calme,
Qu'elle ne s'inquiète...
De moi...
Et que la paix est faite...

Silence prolongé.

Biorki parle bas à Iorman.

IORMAN, *de ton galant.* Fille de Sigurd, je suis vieux,
Tu es jeune et belle ;
L'on dit selon la sagesse des dieux :
Femme ne doit être louée avant sa mort ;
Mais toi, tu vaux ton or

Et ton or vaut la paix, qu'Ionak la prenne.

Avec un sourire. — J'y perds la mienne.

Swanhilde lui livre sa main.

HAMDIR, *révolté, saisissant le poignet de Swanhilde.* Non, la guerre ! et la guerre ! et la guerre trois [fois !
La tombe épouse-t-elle la vie ?

ERP, *à Iorman.* Es-tu fou ? elle plaisante, vieux roi ?
Swanhilde, n'est-ce pas, que tu ries ?

SWANHILDE, *se dégageant.* Laissez, mes frères ; c'est mon choix.

Biorki, cependant parle bas à Ionak.

IONAK, *de voix hésitante.* Allez, Swanhilde, les dieux savent bien
Fleurir de belles joies les bons chemins.

IORMAN, *lui prenant la main.* Garde les Glars, tes barques, tout ton or
Et si je fus vainqueur selon le sort,
Le sort nous fait la paix douce à tous deux.

IONAK, *aux siens.* La fille de Sigurd et de Godrune
Est libre...

A Iorman. Sois heureux...

A tous, de voix grave. Mieux vaut qu'il soit ainsi selon les runes
Et que nos vieilles guerres prennent fin.

A Iorman. Vis bien !

IORMAN. Vis bien !

Iorman sort, emmenant Swanhilde, suivi de Biorki et de l'escorte.

Un long silence.

Les guerriers, par petits groupes, s'éloignent parlant bas entre eux ;

Ionak, appuyé à un pilier, songe, la tête inclinée ; ses trois fils, s'étant concertés, s'avancent vers lui, et déposent successivement, leur épée à ses pieds.

ERP. Tiens, père.
Reprends ce jouet : je ne suis plus un enfant ;
Je n'en sais plus que faire.

HAMDIR. Est-ce la peine de traîner cela aux flancs ?
Garde-le-nous, je m'en vais au rouet.

SORLI. Je n'ai plus de droit à cette arme-ci ;
Père, elle te revient, aussi :
A toi, le vainqueur des vaincus.

IORMAN, *les regardant, courroucé.* Assez ! allez ; ne parlez plus.

Par la porte du fond restée béante, voici s'élancer, égarée le costume en désordre, Godrune.

GODRUNE. Swanhilde ! où est Swanhilde ?

Elle secoue le bras d'Ionak.

Parle ! ta langue est-elle muette !

ERP, *ironique.* Elle a dit : Dites-lui : La paix est faite !

GODRUNE, *terrible.* Swanhilde ! la paix ? tu railles !

SORLI, *lui montrant les épées à terre.* Tiens, prends ces armes, ça fait bien sur les mu-[railles.

FIN DU PROLOGUE.

ÉPISODE

SWANHILDE

Un porche devant l'appartement de la reine, au palais d'Iorman

BIORKI. … Que vous êtes belle de pâleur !

SWANHILDE. Vous guettiez des pleurs ?
Voyez : je ris…
D'ailleurs,
Laissez, votre lèvre est vile et raille ;
Non ! je ne suis pas même vaine ;
Vous vous trompez et perdez votre peine,
Biorki :
Voici des mois que vous me dites belle
Et blonde, et blanche, et telle, et telle,
Vous décrivez ma main, mes yeux, ma taille
Avec des mots dont l'ennui m'est mortel.
Est-ce à dessein que le vieux roi m'assaille
De vos si belles phrases séductrices,
De vos si viles phrases, louches et lisses ?
Il est de plus nobles batailles
Pour vous et moi, Biorki,
De plus nobles défaites, de plus belles victoires,
Et vaincre ainsi un tel que vous m'est peu de gloire,
Plus une honte qu'un orgueil, vous le savez :

Biorki proteste.

Ne le savez-vous pas ?
Vous le savez… n'est-ce pas ?
Rendez-vous compte, au moins, de ma journée ?
—Je vous plains, vraiment ! sans vous pardonner.—
Lui dites-vous que je suis vertueuse
Etant bien née

Et que je reste, encore,
Swanhilde au regard dur
Et que la fille de Sigurd vaut son or,
Loyale et pure?...
Lui dites-vous cela, Biorki ?
Le dévisageant. Non ! oui ? peut-être...
S'il est ainsi, dites donc, aussi,
Méprisante. A votre maître
— Je le dirai si vous êtes modeste —
Ironique. Que vous faites merveille, et sans repos,
Bien que sans un espoir au fond de vous,
Qu'il n'est de paroles mieux choisies,
De plus beaux gestes,
Que celles dont vous ornez vos propos,
Que ceux dont vous illustrez vos mensonges ;
Et que, si vous ne m'avez pas séduite
— Même en songe ! —
La faute en fut à moi, et non la vôtre ;
Et que les choses que vous m'avez dites
Vous méritaient un sort
Que vous eût fait, peut-être, une autre.
— Un sort que nul n'envie avant sa mort...
Croyez et méditez ;
Allez !

BIORKI. Vous raillez....

SWANHILDE. Partez ! vous dis-je, que faites-vous ici ?

BIORKI. Adieu, vous êtes belle encore, ainsi,
Et vraiment je vous aime.

Il sort.

SWANHILDE. Et je vous hais, de même....
Sa vie est sinueuse, que me veut-il ?
Rêveuse. Je ne sais si la guerre est sainte ou vile :
Je crois que, voyant l'éclair des épées
Avec des cris et tout le bruit des armes,
J'eus raison de me livrer pour la paix :
Le sang est précieux plus que les larmes ;
Et ces longs mois de trêve valaient ma peine,
Sans doute,
Quand pleurerait ma vie toutes ses larmes vaines
Devant la fuite de mes heures en déroute,
Quand saignerait mon cœur à s'en tarir,
J'eus raison ! quand j'en devrais mourir.

Il roule assez de tempêtes au large,
Chaque heure porte sa faux, comme une charge,
C'est trop des épées de nos pauvres haines ;
Je crois que j'eus raison — je hais la guerre.
... Je hais, encor, la guerre
Avec sa rumeur qui se lève
Comme un grand cri lugubre sur l'Humanité ;
Le sang qui jaillit au pommeau des glaives,
Pleure comme une larme rouge et c'est pitié...

Quand j'étais petite, assise à ses pieds,
J'écoutais tout le soir et j'épiais
Aux lèvres de ma mère chantant nos fastes
Ton nom sonore au milieu des désastres,
Mort ! vieille aïeule de ma race !
J'ai veillé, mainte nuit, songeant
De fleuves charriant des flots de sang
Vers l'Océan,
Songeant
S'il est un Dieu qui nous délivre...

Une pause.

Certes, je hais la guerre,
Mais je ne sais ce soir s'il ne vaudrait pas mieux
Mourir que vivre...

Elle hésite.

Je ne sais pas, au nom des dieux,
S'il ne vaudrait pas mieux mourir que vivre
... Et tuer que mourir...

On entend un pas.

Qui vient !

Entre Iorman.

IORMAN. Belle Swanhilde... pas un sourire ?
Vous tressaillez encore à mon vieux pas ?

SWANHILDE. Ma vie est pleine de ces vains émois :
Pas une feuille au vent dont elle ne tressaille,
Malgré moi.

Le roi s'assied près d'elle.

IORMAN, *enjoué.* Les longues fiançailles,
Swanhilde !
Vous ferez-vous, un peu, à notre amour ?
Et vivrez-vous de notre vie, un peu !
Quand je vous viens causer, le cœur joyeux,
Un rêve toujours me suit à pas soucieux,

Insinuant. La gaîté reste au seuil et guette encor son tour...
Ce beau pays devient-il un royaume,
Enfin ? ma reine ?
Voulez-vous encor des tissus de Rome
Mimant. Qu'on drape, ainsi, que derrière soi on traîne ?
Avez-vous un souhait ? ai-je un oubli ?

SWANHILDE, *de voix sourde.* Un tel souhait me tient qu'il s'accomplit.

IORMAN. Dites-m'en quelque autre et je le réalise ;
Que peut-on dire ? que je le dise ;
Que peut-on faire ? que je le fasse.

SWANHILDE *se détournant obsédée.* Roi... ces jours sont beaux de ma terrasse
... Malgré la brise...
Je veux marcher à travers l'herbe haute...
Oui... c'est ce que je souhaite...

Elle essuie une larme insoupçonnée du roi.

Que je suis sotte...

IORMAN, *tendre.* Vous irez fleurir les prairies ;
Je ne sais pas de ces beaux mots qu'on dit ;
Mais n'êtes-vous comme une fleur, Swanhilde ?

SWANHILDE, *se reculant.* Je suis selon qui me regarde,
Fleur ou ronce, douce ou mortelle,
Je suis la fille de Sigurd, bonne ou pire,
Vous me dites belle
... Et me le faites dire.

Iorman se rapproche d'elle, elle le repousse et se lève.

Arrière, prenez garde !
M'avez-vous crue née pour l'injure ?
Je me suis voulue reine pour la paix
— J'eus raison, je le jure —
Mais vous ! êtes-vous sans souci
Du pur manteau où je me suis drapée ?
Est-ce la royauté que tout ceci...

IORMAN, *interrompant.* Est-ce la foi jurée ? est-ce l'amour ?

SWANHILDE, *indignée.* Vous sied-il d'être lâche de paroles ?
Oubliez-vous nos rôles : [queurs,
Mon or vous a tenté, l'or vainqueur des vain-
Vous avez pris mon or, mais j'ai gardé mon cœur.
— Qui prend mon or prend mon corps ?
Sans doute !
Mais nul n'a pris mon or : je l'ai donné.

Ironique. — L'eussiez-vous acheté au prix qu'il coûte ? —
Et nul ne prend mon corps que je ne l'aie donné !
Roi, je suis lasse ;
Que veut cet homme qui tous les jours me vient
Avec des souhaits et des phrases ?
Ce Biorki ? votre idée et votre main,
Dit-il.
Certe,
Contre ta barbe blanche si je me dresse,
Un soir,
Dénouant ma chevelure pour la moisson
— Vieillard, crois-bien que je dis vrai,
Et vois ton seul espoir —
Ce ne sera pas que ta tendresse
M'émeuve,
Ni que ta vieillesse soit un peu la mort,
Mais pour ce que, d'un mot, tu m'auras délivrée
Du regard de cet homme injurieux...

IORMAN, *modérant.* Je n'aime pas ta voix
Et ta parole gâte tes yeux,
Laisse :
Ne suis-je bon et patient à chaque fois ?
Qu'ai-je dit qui te blesse ?
Ta vie est douce et sera belle à tout ton gré.
Persuasif. Sache mieux voir,
Regarde mieux :
Tu te voiles de deuil et tout est noir !
Confidentiel. Biorki est habile homme et sait sourire ;
S'il parle ainsi c'est qu'il sait dire
Ce que je dirais mal, si je tentais.

Swanhilde fait un geste de lassitude.

Je sais, je sais ;
S'il te déplaît, c'est de ma faute...

Une pause.

Que te faut-il ?
Mais que te faut-il donc, la jeune fille !

SWANHILDE, *presque insoucieuse.* Eloigne-le de moi !

IORMAN, *bonhomme.* Comprends ce que je dis :
Il est *ma* voix s'il te dit belle ;
S'il t'a dite belle, il a dit vrai, je crois !

Au nom du printemps jovial,
Swanhilde, la fille pâle,
Sois gaie et rieuse et ravie,
Quelle fille hait la vie,
Aimant les fleurs
Et le printemps qui donne les couleurs !
Tout ce soleil ne te fera-t-il rire ?

Insinuant. Rire et chanter, Swanhilde ? rire... et pire !
Bruyant. Quand j'étais jeune il n'est pas de chanson
Que je n'aie dite sur tous les tons.

Il chantonne ; Swanhilde se recule.

Etonné. Tu n'aimes pas qu'on chante ? Sais-tu la suite ?
Impatienté. Pour que tu ries, enfin ! n'est-il un peu d'espoir ?
Où vais-je retourner aux hanaps, petite !
Je suis las de tes pleurs autant que toi, ce soir.

SWANHILDE, *essuyant deux larmes.* Laissez-moi, roi, les mois sont courts,
J'ai pleuré trop longtemps pour rire à votre goût,
Je ne vous aime pas d'amour,
Que ne le voyez-vous...
Se ressaisissant. Mais si je n'aime pas, je hais ;
Vous savez qui je hais, prenez ma haine,
Vous aurez mon amour, qui sait.

IORMAN, *paterne.* Ma haine ! — le gros mot.
Insinuant. Et j'aurais votre amour — alors, bientôt ?
Sérieux. Les mois sont courts ou longs
Et c'est selon :
Depuis l'hiver tu pleures
Parce que je t'aime ;
C'est long pour toi et long pour moi de même ;
Pourtant je suis le roi depuis que tu es née
Et, devant, j'étais roi depuis quarante années...
Rêveur. Quand on est jeune l'avenir vient à pas lents,
Parfois s'arrête, ou fait semblant,
Puis il vient en courant et le voici !...
Les mois sont courts, c'est vrai, pour moi :
C'est vrai, les mois sont courts cette année-ci...
Brusque. Veux-tu m'aimer ?

SWANHILDE, *lasse, de voix sourde.* L'amour ne meurt donc pas qu'on ne le tue ?...

IORMAN, *perplexe.* Que dis-tu là, étrange fille ?
Swanhilde, tu penses mal de mon souci
Et de tout mon amour tu penses pire ;

Satisfait. Eh bien ! moi j'ai pensé de tout ce deuil de fille,
J'ai pensé que tu devais être triste ainsi,
Et que s'il te seyait de rire et de sourire
Te sachant aimée et te sachant reine,
Te sachant — bien que tu ne sois pas vaine, —
Par cela seul qu'un miroir t'a mirée,
Te sachant jeune et belle et désirée,
Très fin. Il nous seyait aussi, de te distraire :
Et pour ce faire,
J'ai pensé que tu aimerais la chasse,
Y prenant goût, peut-être, à la connaître,
Soit à guetter la bête quand elle passe,
Soit à la suivre en bande sous les hêtres —
Enjoué. Et que la chasse égaie et porte à boire,
Pour ce qu'on perd haleine aux détours des taillis,
Et que l'on chante en buvant et qu'on rit
De l'aube au soir,
Triomphant. Et que l'amour boit, chante et rit toujours !
Cérémonieux. Et pour cela, demain, si tu le veux,
Nous courrons quelque bête, tous les deux.

SWANHILDE, *résignée* Je suis à vos commandements.

IORMAN, *avec finesse.* Swanhilde, je sais le cœur des jeunes filles :
Elles aimaient de plus vieux que moi, jadis ;
J'en étais triste et soucieux
— Me voici gai comme eux,
Et c'est justice !
Adieu.

Il sort en riant.

SWANHILDE, *lasse.* Adieu.
Avec mélancolie. La vie que l'on rêve est selon notre âme :
Noble et fertile en bonnes joies,
Fleurie et sentant bon les feuilles,
Et l'herbe qui verdoie ;
Comme un long verger où l'on cueille
De beaux fruits de devoir délicieux,
Et comme un doux chemin
Qui s'en va sous des cieux
Bleu-pâle et rose ;
On y entre comme dans un matin de Mai
Tout parfumé,
Dispose,
De bontés pleines les mains

Vers toutes choses ;
Avec une faucille au côté
— En moissonneuse de bonté —
Pour en faucher les ronces avant les autres
Afin (on le voudrait) que nul d'eux ne s'y blesse ;
Si même on doute un peu de sa faiblesse,
Se sachant femme et prompte à pardonner,
On sent la force que l'on peut donner
Et tout l'amour impérieux que l'on commande
Au cœur de celui dont la voix est haute
Et que l'on doit croiser à l'heure tendre,
— Et pleurer semble, alors, comme une faute...
Une pause.
Folies !
Et quand on entre dans la vie,
Par la porte basse des désirs et des choix,
Ce n'est qu'un pauvre chemin blanc et droit,
Battu de tous les pas saignants de toute éternité,
Bordé,
Borné de lâches violences et de dégoûts,
Un dur chemin ;
Et si l'on tend les bras vers quelque bien,
Le leurre se détourne de vous
Et se reploie ;
Et c'est toute la joie
Le long du jour,
Et nul n'est survenu du grand lointain
En quête de mon pauvre amour...

J'aime ma haine !...

Rêveuse. Les jours sont longs ici comme mes peines...
Quel rêve vient du Sud, ce soir ?
Quel prétexte d'espoir ?
Depuis des mois que je suis seule,
Seul, et parfois seulement, le vent
S'en vient de là, alerte sur les eaux
Sans un message que d'oiseaux...

Là-bas, tout fleurit comme ici, je sais :
Car le Passé, là-bas, est aussi le Passé ;
Et, pourtant, c'est encor l'hiver que j'y revois :
La neige tout le jour a tombé sur la mer,

Sans doute,
Et le vent froid
Pousse les flocons en déroute
Mêlés dans son embrun amer ; [glaive ;
La glace, au long du port, s'ébrèche comme un
Vague à vague, la mer lèche la neige aux grèves
D'une langue lente... la lune se lève...
Et dans le vent d'été c'est l'hiver que j'écoute...

Fervente. Godrune, mère,
Avec ta sainte histoire, comme un couchant
Qui saigne sur la mer tout l'or mourant d'un soir,
Et telle, que je m'endormais en cachant
De mes deux mains ma peur de la nuit noire,
— Avec ta sainte histoire ensanglantée
Du sang de Sigurd et du sang des autres
Dont, encore ! ta main saigne,
O Mère,
Avec ta longue nuit hantée
De deuils et de massacres, jusqu'à l'aube,
Par toi j'ai su ce que nulles runes n'enseignent :
Avec ta rouge chanson courroucée
Tu m'as
— Et ne le voulus pas, peut-être —
Tu m'as fait horreur de tout sang versé ;
Et, sachant mes aïeux du grand passé,
J'eus un regret de les connaître
Et de savoir pourquoi ma race est haute.
Et si je suis ici, c'est par ta faute
Et tu ne le sais pas,
Tu ne sais pas.

Elle pleure.

Mère, je suis seule, ce soir,
J'ai peur, parfois, ici,
Peur de mon rêve et de moi-même ;
J'ai peur de croire
Et je ne puis douter de mon souci...

Je me souviens que vous me vêtiez,
— L'orgueilleuse mère que vous étiez —
Vous me vêtiez d'une claire merveille ;
D'une robe d'or tramée d'argent,
D'argent fin comme des cheveux de vieilles ;

J'en étais vaine et rieuse et ravie
Comme une enfant ;
On l'appelait : *la robe de Vie*, [blancs ;
Pour ce qu'aux blonds lacis s'emmêlaient des fils
Je ne vis plus que de tels souvenirs...
Robe de vie...

Dénouant sa chevelure.

Voici tes ors épars !

Rêveuse. ... Etait-ce quelque signe de mon avenir ?
Et devais-je, dès lors, épouser un vieillard ?

Elle regarde le ciel.

Est-ce qu'il est tard ?... demain s'en vient encore
Du même pas qu'hier, sourd et sonore.

Elle tresse ses cheveux.

Avec un sourire vague. C'est ça : demain la chasse :
Moi ! que l'horreur seule du sang a fait esclave,
Me voici lâche et féroce comme un brave.
J'aurai part à leur fête.
— Les poètes ne l'ont-ils pas chantée ! —
Ah ! il est bon de courir quelque pauvre bête ;
De jouir de sa fuite épouvantée ;
De la pousser à bout au fond d'un val :
Holà, les chiens,
Mettez-vous vingt contre un — encor ! c'est bien ;
Et vous, courage ! qui venez à cheval.

Ironique. — Qu'elle se retourne et vous aurez peur. —
N'ayez crainte :
La meute fut la plus forte,
Hâtez-vous ! il est temps de goûter sa terreur
Et de l'égorger — demi-morte ! —
D'un couteau sûr et leste.

Elle a tressé sa natte, et se lève.

S'étirant. Ces basses joies sont telles,
Swanhilde, douce et belle,
Qu'un jeu de poignard paraît puéril
Après,
Et que tuer un homme vil

Lentement. Est un bien simple geste...
Un simple geste...

—

Une clairière fleurie, à la lisière de la forêt, au bord du fiord.

—

SWANHILDE, *debout contre un frêne, où elle a attaché son cheval.*

Me voici tout éclaboussée...
De sang !
Ai-je honte ? ou peur ? ou bel espoir ?
La chasse fut belle, vraiment,
Et bien menée !

Ironique. Et c'était joie à voir.
Je ne sais pas de pareille journée :
Un massacre — et le cor brutal et morne,
De val en mont, qui sonne éperdument,
Soudain ou sourd au long des taillis d'ombre,
Selon les échos et le vent,
Selon mon rêve, aussi, et ma pensée...

Indignée. Je ne sais pas de plus vile journée :
Cet homme abject m'a suivie,
La voix en propos outrageants épanouie,
La main fleurie,
Le regard âpre ou vague...

Bas, à elle-même. Je l'aurais pu tuer d'un petit coup de dague...

Elle songe, puis se ressaisissant.

J'ai fui, où suis-je ?

Elle s'avance vers le fiord.

D'une voix qui se meurt dans le rêve. Je ne suis pas perdue : on voit la haute tour ;
Le port est plein de voiles, comme d'un retour ;
Voilà les lavandières qui chantent le long du jour.

Un chant confus, se précise par moment ; Swanhilde vague par la clairière.

[saignaient —
Ces fleurs sont belles et rouges comme si elles
Comme à les toucher seulement, les doigts s'im-
Du parfum de leur pudeur froissée... [prègnent
Je suis une fleur — ils le disaient —
... Un grand lys tacheté de sang...

Elle regarde son bras.

Comme enjouée. Se peut que tu me plaignes,
Vieux sapin ancestral qui m'as blessée ;
— C'est moi qui te heurtai étourdiment —
Tu fus moins brutal et cruel, pourtant,
Que toutes ces paroles !...
Comme le sang coule au long de mon poignet...

Elle se panse.

Les fleurs, les douces choses folles,
Souriantes à tout, si pleines de bonté,
Qui jettent leur parfum à tout hasard,
Vain comme la beauté
Et tous ses fards
Et vain comme ma jeune royauté !...

S'étant penchée pour en cueillir, elle se redresse.

Depuis hier, je regarde et je vois :
Tout fut donc leurre au fond de moi ?
Si seulement je marche, une herbe en meurt ;
Et la plus tendre main s'en va tuant les fleurs.
C'est quelque jeune fille
Qui passe et qui sourit
Et souille et pille,
Sainte forêt, ton temple ;
Et l'Amour qui la suit
Lui dit, tout bas,
Dit qu'elle est une fleur,
Pour la cueillir à son exemple ;
Et la Mort suit l'Amour, la faux au bras.

Elle cueille des fleurs rouges.
Un jeune homme qu'on n'a pas entendu venir s'arrête près du cheval et lui flatte l'encolure ; — Swanhilde l'aperçoit et se recule muette.

RANDVER, *au cheval.* Que fais-tu là, Tekla ?
Qui t'ensanglanta le poitrail,
Rosant l'écume de ta course
Comme d'une fange de bataille ?
Tu as chassé ? qui t'a lâché les rênes ?
Mon père chasse avec sa jeune reine,
Dit-on...

Apercevant Swanhilde, il s'arrête ébloui ; Swanhilde, immobile, pâle, le regarde ; on entend le chant des lavandières.

Forge un beau glaive ; l'Amour et la Mort
Se disputeront à qui l'aura ;
De la Mort, de l'Amour, quel est donc le plus fort ?
Allez le demander aux Poèmes :
Entre le fer et le feu qui s'aiment
Verse de l'eau, elle brûlera.

Forge un beau fer ; c'est selon le sort :
Flèche ou faux, qui sait s'il sera ?
De l'Amour qui veille, de la Mort qui dort
La flèche ou la faux te doivent blesser de même :
Entre la flèche et la faux qui s'aiment
Pose un baiser, il saignera.

File un beau lin, blanc comme un beau corps,
Morte ou vive la fille qu'il couvrira ?
Drap ou suaire ? on ne sait pas encore ;
Entre la Mort et la Vie qui s'aiment
Verse ton sang, tu en mourras.

Baise sa joue d'un long baiser encore,
La Mort ou l'Amour te le revaudra ;
Sème à sa joue un baiser pour l'éclore
En pudeur rouge ou en pâleur blême ;
Entre le lys et la rose qui s'aiment
Verse une larme, elle perlera.

Le chant, nuancé au hasard de la brise, se résoud et meurt.

RANDVER, *troublé.* Swanhilde !
... Je sais que vous êtes Swanhilde...
Avec volubilité. Voici Tekla que vous montiez, sans doute,
Suivant la chasse qui frayait sa route
De mont en val...
Moi, je suis Randver et c'est mon cheval
Qui bondit léger sous le petit poids
De votre grâce et puis...
Lentement. Vos yeux sont des étoiles, n'est-ce pas ?
Vos yeux de claire nuit.

SWANHILDE. Salut, Randver ! je vous aurais nommé,
Je vous ai reconnu et ne vous vis jamais.

RANDVER. Je n'ai su vous voyant, comme une fleur, ainsi,
Parmi ces fleurs...

SWANHILDE, *avec un vague sourire d'ironie.* Une fleur ? tu parles donc comme eux, aussi ?...
Elle se détourne.

RANDVER, *à mots pressés.* Je n'ai su, vous voyant dans la clairière
L'arc à l'épaule, la robe ensanglantée
Et pâle et haute d'une majesté...
Si je ne voyais leur reine de la chasse
Qu'on prie aux pays d'où le vent m'apporte

A pleines voiles sur la mer
— Où j'ai vaincu ceux-là du parler clair...
Celle de qui l'image blanche sur la place
Dans cette ville aux maintes portes
Fut tout éclaboussée du sang jailli en gerbe
De notre lutte...
Elle était hautaine et superbe,
Si bien que nous la priions à genoux.

Il fait un pas vers elle.

SWANHILDE, *lointaine*. Que dites-vous ?

RANDVER, *grave*. C'est Arthemis — elle est aussi la Nuit
A ce qu'on dit,
Là-bas ;
Mais vous — oh ! n'est-ce pas ? —
Vous êtes tout le jour splendide,
En vérité,
Et derrière vous tout l'horizon est vide...

Un silence.

SWANHILDE, *levant la tête vers lui*. Tu viens de par delà le Pas des Dunes ?
Que sais-tu ? as-tu vu ma mère Godrune ?

RANDVER, *s'avançant vers elle*. Je ne sais dire d'elle que de vieilles paroles ;
Je viens de par delà la mer des Gaules :
J'avais vaincu les barques d'Ionakur,
En haute mer,
Puis je m'enfuis devant la paix trop sûre,
Aimant la guerre ;
J'ai fui la paix
Qui rouille les épées tièdes de sang
Et fait boîter le courage qui rôde
Comme un cheval entravé ;
Je fus chercher la guerre et l'ai trouvée
Vers la mer bleue aux vagues chaudes :
Nous voguions, nuit et jour,
De bataille en victoire,
De côte en côte, et sans souci
Que d'un frisson de rouge gloire.
Si bien que je me lassais de la guerre, aussi...

Non, je n'ai vu que toi !
Toi que j'ai vue parmi les oliviers
Un soir, je crois, ou c'était Arthemis.

SWANHILDE, *lointaine*. Quel rêve vous rêviez !

Elle s'est appuyée à un frêne ; il lui parle un genou sur la mousse du talus accoudé sur la garde de son épée.

RANDVER, *d'une voix de souvenir.*

Comme nous chassions ceux de Rome,
La Fière !
D'étape en étape, et de ville en ville,
Bergers qui poussent un troupeau à coups de pierre,
Sous nos durs coups de masse à nos poings [d'hommes
Fondaient comme une cire leurs légions de [bronze ;...
Aux haltes
Il se mêlait à nous tels gais joueurs de lyre,
Qui chantent une autre langue, tendre à dire,
Et c'était beau comme nos vieux poèmes ;...
Et le souci de vivre nous vint en tuant.
Et la paix naquit de la guerre même.

De voix douce et pressante.

Ici, les sapins pleurent dans le vent,
Il n'est qu'un court sourire de printemps ;
Là-bas, c'est *vous* qui souriez de l'aube à l'ombre,
Swanhilde, c'est là que je vous vis !

Elle relève lentement la tête, et se tourne vers lui à mesure qu'il parle.

SWANHILDE, *avec un sourire triste.*

Swanhilde est morte en moi ;
Tu viens trop tard :
Peut-être est-ce que je renais ? le sais-je ? vois :
L'autre hier, je t'aurais dit :
Enseigne-moi la vie,
Dis que le bouclier vaut bien l'épée,
Que l'amour vaut la haine,
La Vie la Mort ;
Je m'étais trompée
Et je sais le sort.
La soif m'étreignait de toutes les treilles australes :
L'amertume a désaltéré ma joie
Comme une mer éteint la soif des grèves ;
Et de toutes les coupes de mes rêves
Que le geste des heures a versées devant moi,
Comme en libation aux espoirs pâles
Morts haletants de mes surprises,
Pas une goutte de la vendange mûrie

Au soleil enfantin des joies promises
N'a coulé pour ma soif mal aguerrie ;
Et voici que ma soif est morte :
La douceur que je croyais forte
Est vaincue, même en moi ;
De voix plus pressée. La haine m'a prise, aussi — sans un effroi —
Et c'est une autre soif, la même, au fond de moi !

J'ai porté devant moi le doux rameau de paix,
J'ai marché souriante toute de joie drapée
Et voici que le sang m'éclabousse à mon tour
Et lentement la haine a fleuri de l'amour...
Un silence.

Avec une curiosité étrange. Est-il donc vrai que c'est du sang qu'on boit ?
Et qu'il est bon de tuer ?

RANDVER, *subjugué.* Nous avons cru cela ; mais on en pleure...
Certe, il fut bon de tuer à cette heure :
Les glaives traversaient la chair comme une neige.
Hésitant et grave. S'il est bon de tuer ? Ah ! dieux ! le sais-je ?
Un long silence.
Penché il veut lui prendre la main, elle le saisit au poignet.

SWANHILDE, *impérieuse.* Connais-tu Biorki ?... il m'aime...
Dans le long regard farouche de Swanhilde, il a lu.

RANDVER, *oppressé.* Reine !
Je ne sais plus où je regarde,
On voit la nuit au fond de tes yeux clairs !
Comme au fond d'un ciel pur et de la calme mer.
Je me sens faible et fort ;
Es-tu la Mort ?
Ta parole tombe en poussière neigeuse
Eparpillée au vent du nord,
Ou brûle comme un sable de Lybie :
Es-tu la Vie ?
Ai-je vécu des années à ta suite ?
Ne t'ai-je éternellement suivie
Avec ma voile qu'enfle brise ou bise,
Avec ma poupe fendant, nuits et jours,
Vers toi, la Reine,
Evertué ?...
Devant tes yeux, douceur et haine,
Devant tes yeux, que suis-je ?
— Ton rêve sanglant ?
Ou ton amour ?

SWANHILDE, *lointaine, avec répugnance.*

Mon amour !
Pour l'amour de la paix je l'ai tué !
Et voici que son sang m'afflue aux lèvres
En mots de délire et de fièvre ;
Ma parole est un carnage
Et comme un goût de sang plisse ma bouche
En mots farouches ;
J'en ai horreur encore, et j'en ai déjà soif !

Vivement et qui défie.

Mais toi ! manieur d'épée
Cent fois au sang saumâtre et lourd trempée,
Faucheur des plaines que nous semons, fécondes,
Guerrier en qui la belle haine abonde
Et qui brisas la Vie, comme en passant
On cueille des épis au long des champs d'été,
Homme, ivre encore du vivant dictame,
T'étonnes-tu d'un peu de sang !

RANDVER, *de voix lente et grave.*

Femme,
La vie âpre est selon quelque loi ;
Je sais et qui je suis et qui tu es :
Mon jeune cœur battant vers toutes joies,
Mon cœur ! pour la guerre je l'ai tué...
Plus mâle, ainsi, croyais-je, et plus virile
Ma vie appareillait aux cris des foules,
Au gré des vents de la victoire ;
Et nos désirs brûlaient, audacieux,
Insoucieux esclaves des sorts serviles !
Amants du glaive clair et de la houle,
Pour rougir nos fers aux flots de gloire, [dieux..
Dans les couchants nous cherchions le sang des
Je me souviens d'heures sans but données,
Au gré des destinées,
Où nous foulions de l'or aux dalles
Figées de sang,
Sans halte !
Et sans même l'envie
D'un autre émoi —
Et massacrant des femmes comme toi,
Des vieillards, des enfants — la Mort, la Vie,

Ironique.

Sans but qu'un peu de joie.

SWANHILDE, *rêveuse, lasse.*

De joie, mon peu de joie !

RANDVER, *très calme.* Et voici qu'un jour de fin soleil,
Lors d'une étape
Parmi des treilles
— Où l'or jute en ivresse, encore, aux coupes
Où ruisselle aussi comme un sang aux grappes—
J'ai vu que c'est ce sang-là qu'on doit boire.
Nos barques séchaient
Tirées jusqu'à la poupe
Et nous avions assez de cette gloire ;
On voyait toutes les étoiles de la nuit,
On chantait des poèmes,
Nous n'étions plus, alors, ceux que nous fûmes ;
Et mon rêve sanglant s'évanouit
Comme un soleil d'hiver parmi les brumes,
Ou comme un lent nuage de menace
S'effiloche et se sème
Par delà les monts gris,
Sans une trace...

Swanhilde s'est détournée, farouche et immobile.

Suppliant. Es-tu la force du passé ?
Que tu me viennes prendre et me bercer
Comme un enfant, ainsi, sur tes genoux ?
Tout l'avenir est-il donc derrière nous ?
Tends-tu qu'un miroir en tes yeux
L'étoile double de nos destinées ?
Ne viens-tu pas tuer ma gloire sombre,
Un mot d'amour la peut tuer ?
Le plus beau jour que j'aie vécu fut dans une om-
Et j'y rêvais d'une autre qui tu es ! [bre
Ce jour, c'est aujourd'hui — à tout jamais...

Swanhilde se tait immobile ; il lui prend les mains en silence.

O Reine,
Le vague vent qui m'a ramené
Tourne et chante plus haut entre les frênes...
Viens, faisons voile...

SWANHILDE, *lointaine.* O pauvre vie, ô vie fatale et folle !
Vous écoutant, je rêve à vos paroles :
Donc vous partiez vers où j'arrive
Qui suis partie d'où vous alliez....
Sans doute ; il le fallait ;

Souriante, triste. Et vous voulez que je vous suive ?

Doucement. Sans doute, la vie est folle !
Moi, j'étais née tendre jusqu'à la haine,

Vous, farouche et sanglant, pour quelque amour...
Ne voyez-vous combien la vie est vaine ?
Et comme tout rêve de joie est court ?
Qu'importe que nos chemins se soient croisés ?
Ne voyez-vous donc pas ? ma robe est rouge !
Passez :
Nulle heure ne s'attarde au carrefour ;
Le crépuscule est rouge,
La lune point...
Déjà je vous ai quitté ; je vous vois de loin.

Elle détourne la tête.

RANDVER, *avec passion.* Swanhilde tu m'aimes et pleures,
Il n'est plus qu'un chemin depuis cette heure !

SWANHILDE, *farouche.* Suis donc la route où je m'en vais devant
Fatalement !
Ne parle pas d'amour, de chants, de treilles
. . . N'entends-tu pas ?
N'entends-tu pas de tes oreilles !

Le cor au loin.

De voix plus sourde. Si quelque chose s'est brisé en moi
C'est un miroir fallacieux qui m'a ravie
Où je voyais mon âme, non la Vie.
La vie, la voici ! elle vient...

Le cor s'approche, elle écoute.

C'est elle, n'est-ce pas ?
Je suis venue de tout là-bas
Selon ma volonté et mon espoir
— Eloigne-toi ! Ceci n'est pas à voir. —
Celle qu'en moi tu veux aimer
Est morte dans l'attente :

Fiévreuse. Ce jour,
Je suis la fille des nuits d'épouvante :
Mon père fut égorgé dans son lit d'amour !
Le vieil or maudit dont est morte ma race,
Naïve, je l'ai semé :
Il refleurit en haine — à cette place. —
Fatalement,
En rouges fleurs aux cent blessures...

Elle jette son bouquet qui s'éparpille ; on entend le galop des chevaux ; Randver, instinctivement a tiré son épée ; elle saisit son bras, le désarme et le repoussant elle se dresse devant les chevaux, les fait cabrer et reculer, du regard.

A Randver. Jette cela, mes yeux sont purs !

FIN DE L'ÉPISODE

ÉPILOGUE

LA LAMENTATION DE GODRUNE

Dans le palais de Ionakur, Erp, Sorli, Hamdir jouent oisivement à la lueur des lampes.

Erp, *bâillant.* La belle vie !

Hamdir, *jetant les osselets.* Bah ! on s'y fait.

Sorli. Gagné.

Hamdir. Je te joue mon épée.

Sorli. Elle doit être rouillée depuis qu'elle est au mur.

Erp, *bâillant.* La belle vie que nous fait Ionakur.

Entre Godrune qui s'avance vers eux, tragique.

Godrune, *ironique.* Que faites-vous assis dans l'oisiveté ?
Etes-vous des filles ou des jouvenceaux,
Avec des paroles de gaîté,
Avec vos rires,
Avec vos osselets

Tragique. Alors qu'Iorman massacre votre sœur,

Tous trois surgissent.

L'a foulée aux sabots de ses chevaux,
Ignoblement !

Dédaigneuse. Vous n'avez pas en vous un cœur
Comme Gunnar le valeureux
Ou Hogni, le vaillant,
En vérité !
— Leur ombre me démente —
Ils eussent vengé leur parente,
Eux !

HAMDIR, *irrité*.

Tu faisais peu d'éloge d'Hogni et de Gunnar,
Alors qu'ils massacraient Sigurd, mère,
Et que tu fus rougie de son sang
— Comme d'un fard —
Ils furent mal vengés, tes frères,
Par le massacre de tes propres fils,
Je crois !
Pourtant
Ce ne sera pour nous un acte si vil
D'égorger Iormanrec, le meurtrier sénile ;
Et tu nous y pousses si bien
Avec tes cris de haine et de bataille
Où déjà comme un javelot ta langue vole,
Que je me sens du sang aux mains,
Et nous ne souffrirons pas tes paroles !

GODRUNE, *riant étrangement.*

Fils de mes entrailles !
Buvez — vous y boirez mes larmes.
Voici : *Elle lui présente le hanap.*
Vêtez vos armes !
Elle leur ceint leurs épées qu'elle prend fiévreuse à la muraille.
Et que vous mènent les dieux,
Farouches et furieux,
Flamboyants dans les ténèbres.
Ils boivent tour à tour.

ERP, *grave.*

Mère,
Ceci est le dernier adieu :
Tu boiras la même coupe funèbre
Sur nous et sur Swanhilde.

SORLI, *heurtant ses armes.*

En guerre !
Ils sortent.

GODRUNE, *les suivant du regard.*

Mes trois fils et ma fille...

Le vantail retombe avec bruit.

Un long silence ; elle s'avance lentement vers le fond de la salle ; rejetant le vantail lourd et penchée dans un rayon de lune qui l'enveloppe, elle semble parler à une multitude. Sa voix d'abord incertaine et inégale, précise, en même temps que se resserre son discours, ses intonations de tragique tendresse (1).

J'ai connu trois feux, et connu trois foyers,

(1) Cf. *Gudhrûnarhvœt. (Edda).*

Trois fois je fus menée au palais d'un époux ;
Mieux eût valu que Sigurd seul m'eût possédée,
Lui, que mes frères ont tué.
Ecoutez ! vous,
Vous tous qui le savez
— Car je vous l'ai conté : —

Qu'il fut jamais telle douleur atroce
Je ne l'aurais pu rêver
Dans l'heure où les grands chefs me firent femme
Les tristes noces [d'Alti,

Avec un frisson. ... Et pourtant me voici...

Mes frères, mes fils et leur père...
Horreur !

Elle se voile, un instant, la face.

Se reprenant. J'étais lasse de vivre et m'en fus vers la mer,
Vers la mer qui délivre,
Pour abîmer en elle l'amertume de ma chair
Et la tempête de mon cœur ;
Mais elle a rejeté
Mon amertume et ma tempête,
Ses vagues m'ont portée
De crête en crête,
Et j'abordais ici pour la douleur de vivre.

S'adressant plus directement à la foule imaginaire, d'une voix de gaîté ironique.

Vous le savez, je crois :
On me mit en sa couche
— O plus douces les épousailles premières,
Et pauvre joie ! —
On me mit en la couche d'un troisième roi,
Votre roi, tendre et dur.
Je lui donnai des rejetons,
Beaux piliers d'une belle maison,
Hauts piliers d'une noble maison :
Les beaux fils d'Ionakur !

Avec un sourire d'orgueil.

Mais celle qui m'était née
De Sigurd mon seul bien-aimé,
Swanhilde, ma fille Dieu-donnée,
Toutes vos filles l'ont servie
Et l'ont suivie de leur envie.
— De toute ma chair,

De toute ma survie
Elle m'était la plus chère,
Et telle était ma Swanhilde non-pareille
Au milieu de mon palais gai d'espoir,
Qu'un rayon de soleil,
Clair à voir !

D'or je l'ai revêtue,
De fins tissus
Et je l'ai fièrement ornée ;
Mais elle s'est donnée au roi Iorman,
Au vieux roi fou !
Pour vous...
Pour vous elle s'est donnée,
Elle m'a abandonnée,
D'une voix de sanglots. Vous puis-je pardonner ?

C'est la plus lourde de mes lourdes peines.
— O ma petite reine !
Ta chère chevelure en écheveaux
D'or rayonnant, splendide, sur ta joue !
O claire chevelure de Swanhilde,
Dans la boue !
Foulée aux sabots des chevaux !
Elle pleure.
Un silence.
La douleur qui m'a déchiré mon âme en deux
— Le pire de mes hiers,
Ce fut quand mon amour, mon Sigurd fier
Dépouillé de sa gloire sans défi
Fut lâchement tué dedans son lit.

La plus horrible de mes heures mortes
Dont le noir souvenir m'est une escorte,
Ce fut quand les fins, brillants vers d'acier
Avides comme la faim des loups carnassiers
Se percèrent un chemin
A travers le cœur de Gunnar !

Mais le plus haï de mes jours hagards
Dont l'ombre passe, hurlante, dans le vent,
La plus âpre douleur qui m'étreignit,

Ce fut alors qu'ils taillèrent vivant
Le hardi cœur du valeureux Hogni...

Sa voix retombe, désolée.

Car je me souviens de bien des deuils ;
Debout, devant vous, sur le seuil
Et tournée vers la nuit d'éternité,
J'entends les voix les plus lointaines,
Les vieilles plaintes des vieux jours ;
Je me souviens de bien des peines...
Pourquoi resterais-je à guetter, ici,
De la douleur encore et toujours ?

Ta cavale noire comme l'ombre éternelle,
Sigurd, selle-la, et monte en selle !
Hâte-toi sur la route,
Je guette ici ton pas,
J'écoute...
Ici plus fils ni fille, dans la brume,
Et toute joie est morte pour Godrune.

De voix tendre et caressante.

Ne te souviens-tu pas, Sigurd, mon âme,
Des paroles que nous parlâmes
Ce soir que sur le même lit
Nous étions côte à côte assis,
O mon grand roi ?
Que tu viendrais vers moi
Même hors des caveaux de l'abîme,
Que moi j'irais vers toi de la claire terre fleurie?

De voix plus sourde et tragique.

Tu sais le crime :
Ce qui fut toi et moi, ma chair, ta chair,
Le doux fruit de ma vierge joie, ton sang,
Ta fière douceur, toute ma beauté claire,
Sigurd, notre baiser, notre enfant !
Broyée, foulée aux sabots de la mort,
Te suit et me précède, telle, encore,
Qu'elle nous lie et nous somme d'unir
Nos rêves confondus, et de dormir,
Comme en ce soir unique qu'elle évoque,
Toute l'éternité, côte à côte...

Vers la foule imaginaire et de voix solennelle.

Entassez, haussez le bûcher de chêne,
Qu'il soit plus haut qu'on n'en dressa jamais
Pour une reine,
Que le feu tarisse à jamais mon sein
Du lait maudit de la maternité
Et fonde mon cœur durci de chagrin !

Elle retombe épuisée.

FIN.

à François de Ponchet

Nous disions à m
Que le vent les portai
Nos paroles miraient
Et la feuille qui tou

|||

Nous redisions l'am
Pensifs selon l'heur
Et la plaine riante
Fière et chaste sous

|||

Nous songions à l'
La route empoussiérée
Et la raison sereine
Et le bruit des trava

|||

Qui nous étions au
La porte était ouverte
Je crois que nous
— Car la dernière ros

\+ +

illeurs, les voix
— Le rire oblique y mei
Le conte graveleux
Le poele de grume, le

|||

Epilogue 16

à François de Ponchet

Nous disions à mi-voix des chansons si légères
Que le vent les portait comme un parfum de lys ;
Nos paroles miraient l'ombre en l'eau des fougères
Et la feuille qui tombe en la source qu'elle plisse ;

Nous redisions l'amour qui chante aux roseraies,
Pensifs selon l'heure claire et l'ombre et la saison,
Et la plaine riante au défaut de la haie,
Fière et chaste sous la robe diaprée des moissons ;

Nous songions à l'effort harmonieux qui lie
La route empoussiérée au limpide horizon
Et la raison sereine à la tendre folie
Et le bruit des travaux de l'homme à sa chanson ;

Qui nous écrions aux autres comme on rêve à soi-même ;
La porte était ouverte ; nul n'a franchi le seuil ;
Je crois que nous chantions le suprême poème
Car la seule rose est celle que nul ne cueille.

\+ + + ×

Ailleurs, la voix qui chante est pleine de lassitude
— Le rire oblique y meurt comme un quinquet sans huile —
Le conte graveleux bave aux coupes séniles ;
Le poêle de grime, la vitre de démide.

Cependant, dans le bruit
notre voix sûre n'a pas
Qu'il faille d'autres chan
nous avons dit au vent

Quel silence est tombé
L'orchestre lascif et fo
râle suprême, s'est tu
de lors,
Le jour s'éveille avec eff
La vieille Vie, au co
marmonne courbée et
Sous le ~~[illegible]~~

Je ne sais plus de chanso
Son masque de fard est
— La luxure blafarde
Le luxe obèse à brûl
On ne sait plus de ma
à moins qu'ivre et sou
Tu ne le dresses enfin,
de cette épouvantable
Haine souveraine ! ..

Alors,
Ils s'en viendront du
Les yeux en pleurs,
Vêtus des haillons
Hagards et marcha

Cependant, dans le bruit des hoquets et des rires,
Notre voix sûre n'a pas fléchi :
Qu'il faille d'autres chants dans l'aube qui blanchit,
Nous avons dit au vent les mots qu'il fallait dire.

\+ \+ \+ *

Quel silence est tombé autour de nous !
L'orchestre lascif et fou,
Râle suprême, s'est tu ;
Dehors,
Le jour s'éveille avec effroi ;
La vieille Vie, à court de mots,
Marmonne courbée et dort !
Sous le [illegible] deuil dérisoire dont elle s'est revêtue ...

Je ne sais plus de chansons qui l'éveillent ;
Son masque de fard est pâle sous le crêpe ;
— La lune blafarde a saccagé la treille,
Le luxe obèse a brûlé jusqu'aux ceps.
On ne sait plus de mots pour les lèvres humaines,
À moins qu'ivre et souillée, hors de la fange obscène,
Tu ne te dresses enfin, pour hurler à la mort,
Cette épouvantable comme un météore,
Haine souveraine ! ....

\+ \+ \+ *

Alors,
Ils s'en viendront du couchant, du levant,
Les yeux en pleurs, le rire aux lèvres,
Vêtus des haillons de la gloire battants au vent,
Hagards et marchant dans leur rêve.

non pas ceux-ci – avec
Tâteurs émasculés de
Ciseleurs de cercueils +
Ils ne sont qu'une tar.
La moisissure du fruit

Mais d'autres: + meilleurs ave
Tout le rêve foulé des r
redressé comme l'herbe
Les affamés de pa
Les assoiffés de vi
De tout la brame au coeur,
Dans cette ivresse é

J'entends sonner au loin
– Tais-toi! l'heure est trag
Ils iront à la mort comm
Et le cri des clairons dir

Fra

Non pas ceux-ci — avec leur art !
Jaseurs émasculés de rêves troubles,
Ciseleurs de cercueils + :
Ils ne sont qu'une tare,
La moisissure du fruit qu'on cueille.

Mais d'autres : + milliers aveugles et sourds
Tout le rêve foulé des races
Redressé comme l'herbe vivace § :
Les affamés de pain, de justice, ou d'amour,
Les assoiffés de vin, d'harmonie, de victoire,
De tout la haine au coeur, et face à face
Dans cette aurore en sang du Jour de Gloire !

J'entends sonner au loin leur pas rythmé et sourd
— Tais-toi ! l'heure est tragique et la Vie se blasphème :
Ils iront à la mort comme on court à l'amour
Et le cri des clairons dira le grand Poème.

Francis Vielé-Griffin
mars 1900.

Francis Vielé-[illegible]

www.ingramcontent.com/pod-product-compliance
Lightning Source LLC
LaVergne TN
LVHW012013160826
845678LV00002B/818

9782329668505